- En cadea

LA VERSION AUDIO D

COMMENT ÇA MARCHE ?

1

Téléchargez l'app

Quelle Histoire

2

Déverrouillez

votre livre

3

Écoutez

votre histoire

Disponible sur App Store | DISPONIBLE SUR Google Play

Application compatible toutes tablettes et smartphones
à partir de iOS 8 et Android 4.4.

Quelle Histoire

Édition et conception : Unique Heritage Editions SAS. 141, boulevard Ney 75018 Paris
Illustrations : Bruno Wennagel, Mathieu Ferret, Guillaume Biasse, Aurélien Fernandez, Clara Morineau, Ibticem Larbi, Iris Mangin
Textes : Patricia Crété
Édition : Leslie-Fleur Picardat
Direction artistique : Kagna Toung
Maquette : Marie Colas

Siège social : 141, boulevard Ney 75018 Paris

www.quellehistoire.com

Fabriqué par Labelfab / Imprimé en France par Stin Imprimerie - Toulouse

Dépôt légal juin 2016

Loi n°49-956 du 16 juillet 1949 sur les publications destinées à la jeunesse

PEFC 10-31-2841

FABRIQUÉ EN FRANCE

HISTOIRE DES POMPIERS

Les vigiles du feu

Dans l'Antiquité, le feu est très craint dans les grandes villes... Sais-tu pourquoi ? Parce que les habitations sont surtout faites en bois ! Ainsi, le 19 juillet 64 av. J.-C., Rome est en flammes, faisant des milliers de victimes. Le gouvernement romain va réagir, en créant un groupe spécialisé, équipé de pompes à eau... C'est beaucoup plus pratique que les seaux ! Vers l'an 6 apr. J.-C., l'empereur Auguste va encore plus loin. Il organise une légion de 2000 vigiles, prête à intervenir en cas d'incendie. Cette idée est ensuite reprise dans toute la Gaule.

VIe siècle
apr. J.-C.

Les cloches de Charlemagne

Au Moyen Âge, Charlemagne crée un service obligatoire de veilleurs de nuit, chargés de sonner les cloches en cas d'incendie pour avertir les habitants : le tocsin. De plus, chacun doit avoir devant chez lui des baquets remplis d'eau… Sinon on est puni d'une amende ! Pour lutter plus efficacement contre le feu, il faut souvent abattre les maisons proches du foyer, c'est-à-dire « saper les murs », d'où l'expression de sapeur-pompier. Pourtant des incendies éclatent encore à Paris ou à Rouen, il faut prendre de nouvelles mesures.

813

Les moines pompiers

Les moines se mobilisent à leur tour contre le feu, comme on le raconte à l'époque : « Équipés de haches, de seaux et d'échelles, en robes de bure et nu-pieds dans leurs sandales, ils se battent contre les flammes. » On dit aussi qu'ils ont parfois été aidés par des « ribaudes », des femmes de mauvaise vie, car il fallait le plus de bras possible pour vaincre les incendies. Puis, dès 1524, ils sont rejoints par les quaterniers, responsables de leurs quartiers, instaurés par François Ier. La solidarité entre citoyens, valeur forte des sapeurs-pompiers, se met en place.

La première pompe

François Dumouriez du Perrier, comédien à la cour de Louis XIV, rapporte de Hollande, en 1699, une fabuleuse invention… La pompe à bras ! Cette étrange machine en bois, montée sur patins, puis sur roues, dispose d'une lance pivotante qui projette l'eau. Quelle nouveauté ! Le 12 janvier 1705, le roi organise une loterie permettant l'achat de vingt pompes, une pour chaque quartier de la capitale. Il confie au comédien le privilège de la fabrication et de la commercialisation de ces engins. Une décision qui se révélera efficace et sera complétée par Louis XV.

1699

Les gardes pompes

En 1716, le régent Philippe d'Orléans, Louis XV étant encore trop petit pour régner, crée le premier corps des « gardes-pompes », un service public gratuit. Les 32 hommes qui le composent sont chargés de mettre en place les « pompes du Roy » à Paris. Ils sont dirigés par François Dumouriez du Perrier, qui devient ainsi le premier pompier professionnel de l'histoire. En 1733, une ordonnance royale étend à tout le royaume la gratuité des secours. Bientôt, les pompiers ont un vrai uniforme : bleu avec un chapeau de feutre, remplacé par un casque en 1765.

---

23 février 1716

Le premier modèle de corps militaire

C'est la fête à l'ambassade d'Autriche le 10 juillet 1811. Un grand bal est donné à l'occasion du mariage de Napoléon et de Marie-Louise. Soudain... « Au feu, au feu ! » crient les invités. Napoléon et son épouse sortent indemnes de l'incendie, mais ils sont traumatisés car on compte une centaine de morts. Deux mois plus tard, l'Empereur crée le premier bataillon militaire de sapeurs-pompiers de Paris. En 1831, on distingue les pompiers municipaux, qui dépendent des communes, et les volontaires de la Garde nationale, qui sont sous autorité militaire.

---

18 septembre 1811

Les communes responsables

La loi du 5 avril 1884 réaffirme la responsabilité des communes dans le financement des pompiers, ce qui est très compliqué pour certaines petites villes qui ont peu d'argent. Elles doivent construire des casernes, mettre au point un système d'alerte efficace et moderniser le matériel. Tu as certainement vu la caserne des pompiers de ta commune, avec ses camions rouges ! Puisqu'ils sont installés à proximité, les sapeurs-pompiers peuvent intervenir très vite... Ils deviennent tellement indispensables que des Services départementaux de protection contre l'incendie sont créés le 20 mai 1955.

1884

PEURS-POMP

Nouvelles missions

Au fil des années, les missions des sapeurs-pompiers se diversifient. Aujourd'hui, les incendies de bâtiments ou d'espaces naturels ne représentent que 7 % des 4,3 millions d'interventions effectuées chaque année... Soit une toutes les 7 secondes ! Dans 75 % des cas, ils se déplacent pour porter secours aux personnes (malaises, accidents domestiques, noyades). Ils peuvent également être appelés lors d'accidents de circulation (autos, bateaux, avions, trains) et d'opérations diverses (risques technologiques industriels, pollutions), mais c'est plus rare. Deux numéros d'urgence : le 18 et le 112 (valable dans toute l'Europe). Surtout ne les oublie pas, c'est très important !

Nouveaux matériels

Pin-pon, pin-pon... La sirène des pompiers retentit, les secours arrivent. Fini la pompe à vapeur (1866) et le porte-échelle électrique (1900), aujourd'hui le matériel est très moderne : fourgons pompe-tonne, engins grande échelle et camions-citernes pour les incendies ; véhicules radio-médicalisés, camionnettes de désincarcération pour le secours à la personne. La protection des hommes s'est nettement améliorée avec des tenues ignifugées (c'est-à-dire qui ne brûlent pas) et des casques résistants aux hautes températures. Ils sont aussi équipés d'appareils respiratoires isolants pour éviter d'être en contact avec les fumées.

XXIe siècle

Les volontaires

Sais-tu qu'il existe plusieurs sortes de pompiers ? Il y a des pompiers militaires, comme à Paris et Marseille, des pompiers professionnels départementaux, et des pompiers volontaires (78 % en France). Hommes et femmes, à partir de 16 ans, peuvent s'engager, en plus de leur activité professionnelle et de leurs obligations familiales, pour une période de cinq ans. Bien sûr, il faut être en forme physiquement ! Si tu le souhaites, tu peux aussi suivre cet exemple d'engagement citoyen en devenant Jeune Sapeur-Pompier à partir de 11 ans, renseigne-toi auprès d'un centre de secours proche de chez toi.

XXIe siècle

• CHRONOLOGIE •

PRINCIPAUX ÉVÉNEMENTS

6 apr. J.-C.

Création des premiers vigiles du feu par l'Empereur Auguste.

813

Charlemagne crée un service obligatoire de veilleurs de nuit.

1524

François Ier organise la surveillance des rues par les quarteniers.

1705

La pompe à bras est en activité à Paris.

1716

Création d'un corps de gardes-pompes par Philippe d'Orléans.

1733

La gratuité des secours est étendue à tout le royaume.

1811

Un incendie se déclare à l'ambassade d'Autriche.

1831

La Garde nationale peut intégrer des c de sapeurs-pompie

1866

Fabrication des premières pompes à vapeur en France par la firme Thirion.

1871

Dissolution de la Garde nationale.

1884

La loi réaffirme la responsabilité des communes dans le service incendie.

1900

Création du porte-échelle électrique.

14 juillet 1937

Le premier bal des pompiers a lieu à Paris.

1952

Plan ORSEC, concernant les sapeurs-pompiers, les forces de l'ordre, le SAMU… Il est réformé en 1987, puis en 2004.

1996

Création des Services départementaux d'incendie et de secours.

2012

Charte du sapeur-pompier volontaire.

• VÉHICULES •

LES POMPIERS

- LA POMPE À BRAS -

UTILISÉE À PARTIR DU XVIIe SIÈCLE

Les premières pompes à bras, sont montées sur patins en bois puis sur roues, armées d'une lance pivotante et tirée par des hommes ou des chevaux. Avant l'invention du tuyau, les pompiers devaient être proches des flammes. C'est le premier engin de l'histoire véritablement fait pour éteindre les incendies.

- LA POMPE À VAPEUR -

UTILISÉE ENTRE 1870 ET 1890

Grâce à l'énergie dégagée par la vapeur, la pompe peut approvisionner plusieurs lances en même temps. L'inconvénient est qu'il faut que le foyer soit alimenté en permanence pour produire la vapeur, et cela fait perdre un temps précieux lors d'un incendie.

• VÉHICULES •

LES POMPIERS

- LA VOITURE ÉLECTRIQUE -

UTILISÉE EN 1899

....

La voiture électrique est une révolution, mais elle est employée uniquement par les Pompiers de Paris. Avec son autonomie de 60 km, ses 19 km/h, sa citerne de 400 litres et ses 40 mètres de tuyaux, cette voiture permet d'éteindre le feu rapidement.

- LE PREMIER-SECOURS -

UTILISÉ EN 1920-1930

....

Le premier-secours permet, comme son nom l'indique, d'apporter rapidement le matériel et les hommes nécessaires sur le lieu de l'incendie pour effectuer les premières manœuvres. Pour les communes les moins riches, il permettait d'investir dans un seul véhicule polyvalent.

• VÉHICULES •

LES POMPIERS

- LE PORTEUR D'ÉCHELLE -

UTILISÉ EN 1920

....

Avec ce nouveau véhicule, il n'y a plus besoin de déplacer l'échelle à la main, la manœuvre s'effectue électriquement par une dynamo et des batteries. Cela va permettre aux pompiers de gagner du temps et donc d'intervenir plus vite.

- LE PS HOTCHKISS -

UTILISÉ EN 1950-1960

....

Le PS Hotchkiss connaît un grand succès dans les casernes car il est très bien équipé. Il peut débiter de l'eau jusqu'à 60m³/h ! Le problème est qu'il n'abrite pas les pompiers de la pluie et du froid hivernal (à l'époque, les autres véhicules ont des toits).

• VÉHICULES •

LES POMPIERS

- LE V.S.A.V. -

UTILISÉ EN 1980

....

Le V.S.A.V. (véhicule de secours et d'assistance aux victimes) est souvent envoyé sur les lieux des incendies pour prodiguer les premiers soins aux victimes et les transporter vers les hôpitaux. Les Renault Master ont équipé de nombreux centres de secours au cours de l'histoire.

- LE FOURGON POMPE TONNE -

UTILISÉ AUJOURD'HUI

....

Cet engin est capable de lutter contre les incendies de grande ampleur, grâce à sa pompe puissante et son équipement de pointe, et de porter secours aux victimes. Aujourd'hui, de nombreux véhicules remplissent cette double fonction, ce qui est très utile en cas d'incident.

• UNIFORMES •

LES POMPIERS

- GARDE POMPE -

UNIFORME UTILISÉ EN 1722

- OFFICIER EN TENUE DE FEU -

UNIFORME UTILISÉ EN 1855

• UNIFORMES •

LES POMPIERS

- OFFICIER EN TENUE DE FEU -

UNIFORME UTILISÉ EN 1935

- SAPEUR-POMPIER -

UNIFORME UTILISÉ AUJOURD'HUI

• TRADITIONS •

LES POMPIERS

LE BAL DES POMPIERS
14 JUILLET

....

La tradition est née le 14 juillet 1937 à Montmartre. Le premier bal a été un tel succès que, depuis cette date, les sapeurs-pompiers ouvrent tous les ans leur caserne pour célébrer la fête nationale avec la population.

L'EXERCICE PHYSIQUE
LA PLANCHE

....

Pour s'entraîner, les pompiers pratiquent tous les matins l'exercice de la planche, qui consiste à se hisser à la force des bras sur une planche située en hauteur. Il a été mis au point en 1848 par un certain colonel Amoros.

FÊTE DE LA SAINTE BARBE
4 DÉCEMBRE

....

Sainte Barbe, qui vécut au IIIe siècle, est la patronne des sapeurs-pompiers. Son père la condamne à mort car elle préfère la religion au mariage. Au moment de son supplice, la foudre tombe sur son père, qui meurt.

• TRADITIONS •

LES POMPIERS

LE CALENDRIER DES POMPIERS

....

Les sapeurs-pompiers font du porte-à-porte pour présenter le calendrier de la nouvelle année, favorisant les échanges avec les populations et permettant de recueillir des fonds pour les œuvres sociales des sapeurs-pompiers.

MÉMORIAL DES SAPEURS-POMPIERS

....

Dans plusieurs casernes, un monument est érigé à la mémoire de ceux qui sont « morts au feu » ou « morts en service commandé ». Une commémoration a lieu tous les ans, à la Toussaint. As-tu vu celui de la caserne de Champerret ?

LA JOURNÉE NATIONALE DES SAPEURS-POMPIERS

....

Elle se tient tous les ans, en mai ou juin. Cérémonies, défilés de véhicules, démonstrations et visites se déroulent dans les départements. À Paris, un hommage a lieu à l'Arc de triomphe, avec le ravivage de la flamme du Soldat inconnu.

LE JEU DES

• 7 ERREURS •

Trouve les 7 différences entre l'image de gauche et l'image de droite.

Solution : la fenêtre, la barbe, le pot de peinture, la pipe, les clous, les gouttes d'eau, l'oiseau.

LE JEU DU

• LABYRINTHE •

Aide le pompier à retrouver sa lance.

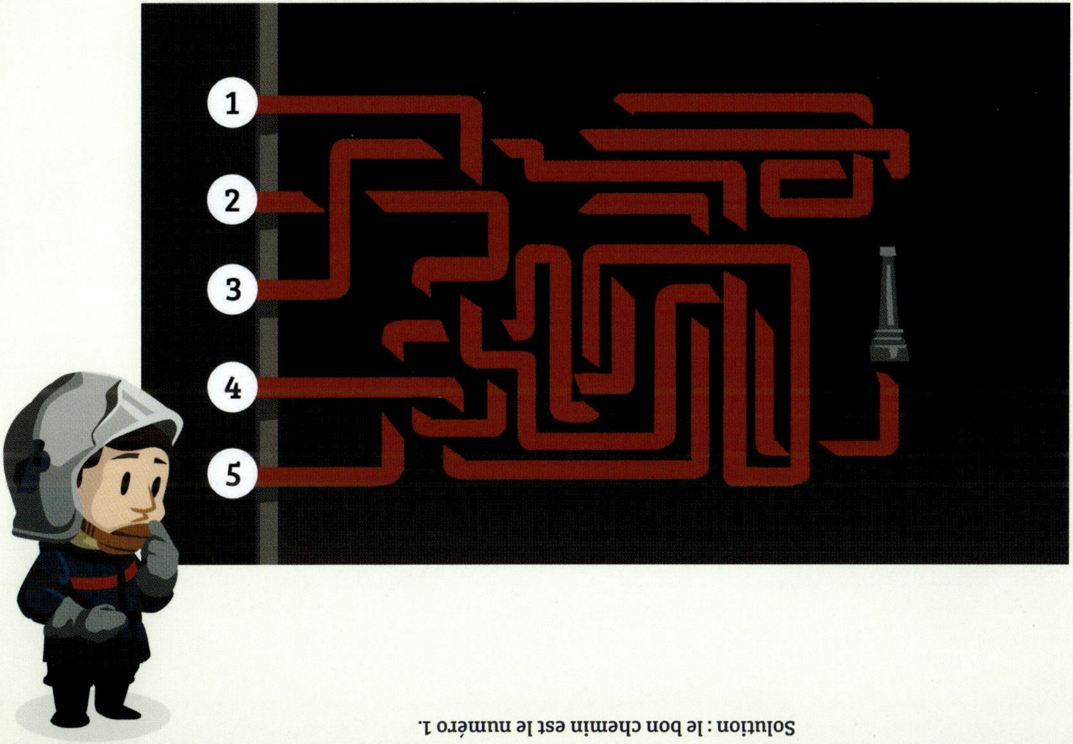

Solution : le bon chemin est le numéro 1.

LE JEU DES

• OMBRES •

Retrouve la bonne ombre du camion de pompier.

a.

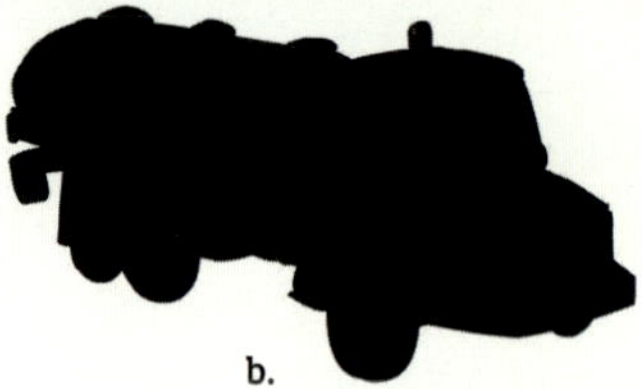

b.

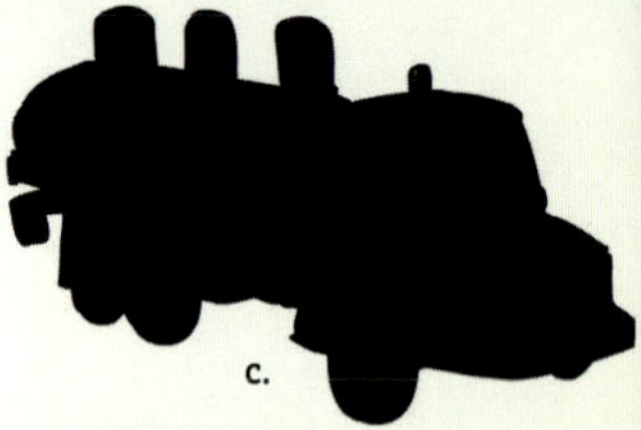

c.

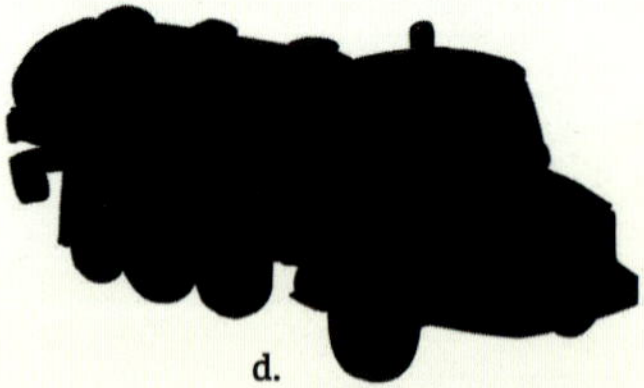

d.

e.

Bonne réponse : l'ombre b.

LE JEU DU

• QUIZ •

1. Au Moyen Âge, qui était chargé d'éteindre les incendies ?

a. Les prisonniers

b. Les conseillers du roi

c. Les enfants

d. Les moines

2. Comment s'appelle la sainte patronne des sapeurs-pompiers?

a. Sainte Barbe

b. Sainte Moustache

c. Sainte Barbichette

d. Sainte Rouflaquette

3. De quelle couleur sont les véhicules des pompiers ?

a. Bleus

b. Rouges

c. Jaunes

d. Verts

Bonnes réponses : 1.d / 2.a / 3.b

- Collection -
PERSONNAGES

Complétez votre collection sur

www.quellehistoire.com

- Collection -
BEAUX-LIVRES

- Collection -
ENCYCLOPÉDIES

Chers parents, vous aimez Quelle Histoire ? Rejoignez-nous sur les réseaux sociaux !